AF509704

# HISTOIRE DE 60 ANS

# DE FOLIES

# RÉVOLUTIONNAIRES ET SOCIALES

## (de 1789 à 1849).

les Révolutionnaires, — les Égorgeurs,
les Étrangleurs, — les Étouffeurs, — les Terroristes,
les Démolisseurs, — les Incendiaires, — les Pillards,
Les sublimes Niais, — les Traîtres, — le Peuple trompé et volé,
la France ruinée par les Révolutionnaires, — le Vol organisé,
Bonaparte, Charles X, Louis-Philippe, Guizot, Thiers,
les amis du Peuple et ceux qui le trompent, — les Légitimistes
aux élections, — Ledru-Rollin, Raspail, Pierre Leroux,
Proudhon, Cabet, — les Voleurs de popularité.



## PARIS.

LIBRAIRIE, RUE SAINT-ANDRÉ-DES-ARTS, 39.

## 1849.

# A BAS LA FOLIE RÉVOLUTIONNAIRE!

L'insurrection est le plus saint des devoirs.
(LAFAYETTE.)

L'insurrection est le plus grand des crimes.
(PORTALIS.)

Nous commençons par poser en fait que la révolution n'a pas produit un seul homme d'une véritable portée politique et sociale. Les réformateurs de toute espèce n'ont certes pas manqué; il n'est pas un petit coin du monde politique et social sur lequel ils n'aient planté leurs innombrables drapeaux. Mais ce qui leur a fait défaut, à tous, c'est tout simplement ce qui constitue le génie de l'homme d'état, c'est-à-dire cette toute modeste qualité qui s'appelle humblement le bon sens, le sens commun. Ces prétendus réformateurs n'ont été rien autre chose que d'orgueilleuses incapacités, d'effrontés mystificateurs ou de sublimes niais.

Sous le gouvernement de Charles X, la France payait un budget de 900 millions et réalisait une économie de 300 mille francs par jour. Sous ce gouvernement, la France faisait la conquête d'Alger, malgré l'Angleterre. Sous ce gouvernement, la France était partout aimée, partout admirée, partout respectée : c'était à qui obtiendrait son alliance ou sa protection. Sous ce gouvernement, la prospérité publique avait acquis un développement inconnu jusqu'alors.

Pourquoi?

Parce que les hommes qui conduisaient les affaires à cette époque étaient, avant tout, honnêtes et sincères.

Jamais, depuis que le monde existe, la France n'avait été si puissante; mais la fange révolutionnaire s'agite; elle organise le désordre dans ses sociétés secrètes, elle fonde des journaux démoralisateurs, qui bientôt couvrent le pays et l'enserrent de ses griffes hideuses; elle sature le peuple de préjugés stupides, puis lui crie qu'il est *éclairé;* elle couvre la France d'incendiaires, et tous les matins elle dit dans ses journaux que ce sont les ministres qui font mettre le feu pour terroriser la France, etc.

La majorité des députés finit par être l'auxiliaire des révolutionnaires; le gouvernement, justement alarmé, publie des ordonnances en vue d'arrêter la révolution qui veut passer. Vains efforts, le bon sens est en minorité, l'absurde l'emporte, la révolution triomphe! O spectacle hideux et dégradant! Le pouvoir devient la proie d'hommes avides et corrompus qui, pendant quinze ans, avaient joué la comédie et la tragédie aux dépens du peuple, qui a eu la niaiserie de les écouter (1).

Les révolutionnaires reprochaient que le gouvernement de Charles X coûtait trop cher ; ils ne sont pas plutôt au pouvoir, que leur gouvernement coûte à la France le double de celui de Charles X ; non seulement la France paie de 15 à 18 *cent millions* d'impôts tous les ans, au lieu de 900, mais ils nous endettent encore de 500 *mille francs* tous les jours. De là, je conclus que tous ceux qui ont pris part à la révolution de juillet, ou qui l'ont approuvée, n'avaient pas le sens commun en économie politique et sociale, puisque cette révolution n'a été et ne pouvait être que contraire aux intérêts de la France.

Je tiens pour *croûtes* politiques les Lafayette, les Laffitte, les Dupont (de l'Eure), les Isambert, les Vaulabelle, les Raspail, et tous les écrivains assez insensés pour avoir écrit en faveur de cette révolution déplorable ; car s'ils eussent compris quelque chose en politique, ils n'auraient pas fait cette absurde révolution ; je dis qu'ils ne l'auraient pas faite, parce que je les suppose honnêtes gens, car les voleurs, les vagabonds et une grande partie des gamins et écoliers de quinze à vingt ans qu'ils ont eus pour auxilaires sont généralement

(1) J'appelle peuple tout le monde, riches, bourgeois et ouvriers.

révolutionnaires, et les honnêtes gens éclairés ne l'ont jamais été. Il est bon de faire observer que les enfants, même jusqu'à l'âge de vingt-cinq ans, aiment le bruit, le tapage, le désordre et par-dessus tout les révolutions : les écoles de Paris, de Vienne en Autriche en sont une preuve; ce ne sont donc pas les hommes de raison qui font les révolutions, mais les étourdis de tout âge, ayant pour auxiliaires les vagabonds et les ambitieux.

Ambitieux qui n'ont pu tolérer chez les hommes éminents qui nous gouvernaient les mérites, les vertus et surtout les dignités qu'ils n'avaient pas.

Après cette folle et sanglante orgie révolutionnaire des trois jours, surnommés les *glorieuses* de 1830, le ministère Laffitte fit venir de Caen à Paris trois incendiaires qui venaient d'être condamnés à mort, pour avoir mis le feu dans les campagnes du Calvados; et, comme ces misérables ministres devaient en partie leur triomphe à ces incendiaires, ils les comblèrent de faveurs en les graciant clandestinement et sans bruit, pour ne pas donner l'éveil à l'opinion publique, et leur accordèrent, ainsi qu'à leur famille, des places de gardes-champêtres, de bureaux de papier timbré, de tabac, de poste, etc. Un des condamnés avait trois parents aux galères, ils furent mis de suite en liberté!... Une partie des emplois furent livrés à tous ces conspirateurs de haut et bas étage, gens sans mœurs, sans probité, sans religion, qui ne s'occupaient qu'à organiser le vol dans les administrations qui leur étaient confiées : scandales sans exemples sous la monarchie légitime et qui, cependant, n'ont pas suffi à faire comprendre au peuple ses vrais intérêts, ses vrais amis.

À partir de 1830, la France descend le haut rang qu'elle occupait en Europe; elle n'est plus qu'un objet de mépris, c'est à qui la reniera, et cette France, si digne avant la révolution, qui faisait trembler la puissante Albion, est réduite à se traîner à sa remorque et à subir toutes les humiliations que toutes les parties du monde lui prodiguent. Voilà les résultats du triomphe de la politique des Dupont (de l'Eure), Laffitte, Lafayette, Béranger, Raspail, Ledru-Rollin, Proudhon, Barbès, Louis Blanc, Caussidière, et autres crétins politiques qui n'ont pas eu l'intelligence de créer pendant leur pouvoir la moindre chose utile au pays; tous ces hommes n'ont dû leur succès que parce qu'ils ont appris correctement le français, ce qui leur a permis de faire des discours perlés et de la jolie poésie au point de vue littéraire, mais qui n'avaient pas le sens commun au point de vue politique et social.

Si les Français veulent que la France se relève et reprenne le premier rang à la tête des nations, qu'elle fasse scission complète, complète surtout avec les hommes révolutionnaires, à quelque parti qu'ils appartiennent. Un révolutionnaire, un conspirateur ne peut pas être un honnête homme, ou, s'il est honnête homme, ce n'est qu'un sot. La France a eu *six révolutions* (1) sous la monarchie capétienne; toutes ont été fatales à la France, et la prospérité n'a reparu que lorsque les idées révolutionnaires sont disparues.

Les ordonnances de Charles X étaient parfaitement légales; elles reposaient sur l'art. 14. A qui contesterait leur constitutionnalité, nous opposerions l'autorité de Lafayette même, qui l'a solennellement reconnue et proclamée.

Comment et pourquoi donc la révolution de 1830 ?

Ceci est le secret de la comédie de quinze ans, jouée par le parti dit *libéral;* et ce secret, c'est celui de Polichinelle. La publication des ordonnances pouvait soulever au plus une question d'in-

_____

(1) La masse du peuple comprend par le mot révolution, non pas le progrès, mais le renversement violent d'un gouvernement par le soulèvement des masses, tel que le renversement des gouvernements de Charles X et de Louis-Philippe.

terprétation ; elle ne pouvait logiquement enfanter une révolution. Cependant cette révolution eut lieu.

Elle eut lieu, parce que les révolutionnaires n'attendaient qu'un prétexte pour se ruer contre la légitimité, et l'abattre sous les pavés ; et ce prétexte, ils le puisèrent dans la prétendue illégalité des ordonnances,—ordonnances qu'ils avaient provoquées par tous les moyens possibles. C'est, en effet, au cri de vive la Charte que s'organisa l'insurrection, comme si ces ordonnances n'étaient pas, pour ainsi dire, sorties tout armées de la Charte même ! Mais, encore une fois, cette invocation de la Charte n'était qu'une adroite comédie destinée à soulever le peuple contre le pouvoir qu'on voulait renverser. La Charte n'avait pas été violée par Charles X ; c'était la révolution qui arguait hypocritement de cette prétendue violation pour renverser le roi légitime.

Le gouvernement né de l'insurrection était déshérité, par son principe même, de toute condition de stabilité. Sa naissance le condamnait logiquement et fatalement à la mort. Il est en effet évident que ce qu'un pavé avait édifié, un pavé pouvait le renverser.

Ce que le parti dit libéral avait surtout reproché au gouvernement de la légitimité, c'était de coûter trop cher.

Nous avons déjà reconnu, en effet, que son budget atteignait le chiffre de 900 millions.

On devait donc supposer que le premier acte des révolutionnaires au pouvoir serait d'alléger ce qu'ils appelaient, de leur plus grosse voix, les charges du peuple. C'est précisément le contraire qui eut lieu, comme nous l'avons démontré. Ajoutez à cela un déficit de 500 mille francs par jour! On le voit, la France était... jouée. Il est vrai que Charles X, en partant pour l'exil, l'avait laissée assez riche pour *payer* sans récrimination la *gloire* d'être gouvernée par un révolutionnaire et un usurpateur.

La révolution de 1830 ne réalisa donc pas (et elle ne pouvait pas le réaliser) le système d'économie dont elle avait à l'avance tracé un si brillant programme. Mais apporta-t-elle au moins les libertés qu'elle avait également promises? Qu'on se rappelle les innombrables procès de presse qui atteignirent les écrivains, et dans leur fortune par les amendes, et dans leur liberté individuelle par la prison! D'un autre côté, posa-t-elle dignement la France vis-à-vis les puissances étrangères? L'histoire racontera en rougissant les humiliations de tout genre sous lesquelles elle abaissa l'antique orgueil du nom français.

Les révolutions sont impuissantes à créer ou à

développer la prospérité d'un pays, en même temps qu'elles contiennent le germe de tous les maux qui peuvent affliger la société. Elles ont dans le bien la stérilité, et dans le mal la puissance et la fécondité de l'enfer.

Qu'il nous soit donc permis de crier ici de toutes nos forces : *A bas les révolutions !*

Ce cri a sa lamentable sanction dans le chiffre comparatif des indigents en 1789 et en 1848 ; à cette première époque, la proportion des indigents était de 1 sur 60 habitants ; elle s'est successivement élevée de 1 à 10, ou de 6 à 60. Il n'est que trop à craindre que, dans un temps très-rapproché, elle ne finisse par atteindre le chiffre de 1 indigent sur 6 habitants.

Jamais les émeutes ni les révolutions n'ont amélioré le sort du pauvre ; au contraire, elles ont toujours eu pour résultat d'augmenter la misère et le nombre des pauvres.

## Orgie révolutionnaire.

Après la folle et sanglante orgie révolutionnaire des trois journées de juillet appelées si sottement *glorieuses*, le nouveau gouvernement est dans la nécessité de doubler l'armée, la police, enfin d'employer tous les moyens de nature à comprimer cette folie surexcitée par son triomphe; les fous politiques mutilent les temples, démolissent l'archevêché, pillent le palais des Tuileries, ensanglantent périodiquement nos places et nos rues, et les moins fous de ces fous croient qu'ils finiront par rétablir l'ordre et jouir paisiblement des avantages que leur a procurés la révolte de juillet, comme s'il était possible d'obtenir le calme quand la tempête est déchaînée.

La France, qui payait sous la monarchie légitime un budget de moins d'un milliard, est obligée le lendemain du triomphe des fous politiques de payer un budget d'un milliard et demi, tout en s'endettant de 500 mille francs par jour, et cela parce qu'il a fallu, pour arrêter la dévastation, le pillage et l'assassinat, doubler l'armée, la police, etc.

Et dire que ce peuple de France, réputé si spirituel, a, pendant dix-sept ans, fêté l'anniversaire d'une révolution qui, sous tous les rapports, avait admirablement réussi à créer une ruine générale ! En vérité, à voir chacun de ces lamentables anniversaires, on eût cru assister au spectacle d'un peuple célébrant la peste qui le décime.

Les hommes honnêtes et de bon sens se réfugiaient dans le parti légitimiste, qui personnifiait l'ordre et le véritable progrès.

La folie révolutionnaire, surexcitée de nouveau par son succès du 24 février, se manifeste par le pillage, l'incendie et la dévastation. Et le lendemain la France est condamnée à payer un budget de plus de deux milliards, c'est-à-dire double de celui du gouvernement de Charles X! Il va sans dire que les Tuileries sont encore pillées depuis les caves jusqu'aux greniers; que les meubles sont stupidement mis en pièces, stupidement jetés par les fenêtres et stupidement brûlés dans la rue. Le Palais-Royal subit le même sort : sa magnifique galerie de tableaux est détruite; tous ces précieux chefs-d'œuvre des grands maîtres sont lacérés, brisés, anéantis; les marbres, les bronzes, les glaces, l'ameublement tout entier est, comme celui des Tuileries, précipité dans la rue et incendié au milieu des hurlements et des danses des fous révolutionnaires.

Puis, pour couronner l'œuvre, les chefs de la folie sociale, marchant comme sur les traces de leurs disciples, soulèvent les populations paisibles de l'Europe par une propagande incendiaire, jettent la terreur dans nos provinces par leurs circulaires, et détruisent le travail sous prétexte de l'organiser.

# Louis-Philippe et les traîtres.

On a reproché à Louis-Philippe son ingratitude envers les hommes auxquels il a dû son élévation au trône. Eh! où est la preuve qu'il n'avait pas horreur de ces traîtres dont la vie politique n'avait été qu'une conspiration permanente contre l'ordre, de ces hypocrites qui avaient pris le masque de patriotes et de libéraux pour mieux tromper le peuple qui n'était pour lui qu'un marche-pied pour arriver au pouvoir? Mais, avec l'intelligence qu'on lui prête, Louis-Philippe n'a-t-il pas dû voir que sa royauté usurpée aboutirait à la République modérée, et que cette République modérée conduirait logiquement à un ordre de choses tout à fait subversif? Juin est là, en effet, qui atteste d'une manière effrayante les efforts tentés par un parti pour inaugurer cet ordre de choses. Si cette criminelle tentative n'a pas réussi, la faute n'en est qu'aux chefs mêmes de l'insurrection, c'est-à-dire à leur inexpérience stratégique. Il est, en effet, évident que, par suite du système offensif adopté par eux, en se retranchant derrière des barricades, ils ont laissé à l'armée et à la garde nationale le temps de se reconnaître et d'organiser l'attaque.

J'avoue que le mépris que m'avait inspiré l'usurpation de LouisPhilippe diminua quelque peu quand je le vis se séparer des Lafayette, Laffite, Dupont (de l'Eure) et autres traîtres de la même école, qui, nonobstant leur serment de fidélité au gouvernement légitime, avaient constamment conspiré pour le renverser. J'ai souvent entendu vanter la probité de ces révolutionnaires; je veux bien admettre cette probité, mais on voudra bien alors reconnaître qu'ils n'étaient que des incapacités politiques du premier ordre.

Qu'ont-ils fait, en effet, qu'une opposition constamment systématique? Il est vrai que cette opposition était alors le plus infaillible moyen de popularité. Ils avaient tant crié au peuple qu'ils étaient les seuls patriotes et les seuls libéraux, que le peuple avait fini par les croire. Etait-ce bêtise ou calcul?

La France veut-elle sincèrement le véritable progrès? Il faut, dans ce cas, qu'elle se sépare des révolutionnaires pour s'attacher aux véritables principes d'ordre et de stabilité.

Le seul principe qui, à mes yeux, garantisse l'ordre et la prospérité, c'est la légitimité. Hors de la légitimité, il ne peut y avoir que désordre et misère.

La légitimité peut se diviser en deux sortes de gouvernements, la monarchie héréditaire qui a fait la grandeur de la France; la République comme nous l'avons est encore un gouvernement légitime ; c'est le gouvernement de tous par tous.

En dehors de ces deux gouvernements, il y a la monarchie des habiles ou d'escamotage, comme celles de Bonaparte et de Louis-Philippe ; rien n'est démoralisateur comme ces sortes de monarchies, c'est le gouvernement des filous, où tout ce qu'il y a d'infâme trouve place.

## LA FRANCE

### volée par les révolutionnaires.

Sous le régime de 93, sous l'empire et sous la révolution de 1830, la France n'a pas été administrée : — elle a été volée.

Elle n'a commencé à être savamment, économiquement et honnêtement administrée que sous Louis XVIII ; mais c'est sous le règne de Charles X qu'elle atteignit l'apogée de sa gloire administrative. C'est que le gouvernement de la restauration, honnête par excellence, n'employait que des fonctionnaires d'une probité reconnue. Cela est si vrai, que les révolutionnaires de cette époque, qui aspiraient à dilapider la fortune de la France, rendant involontairement hommage à cette probité, se trouvèrent réduits à expliquer l'exclusion qui les frappait par la prétendue condition imposée, selon eux, à quiconque sollicitait un emploi de produire un billet de confession.

Comment et pourquoi, sous les trois régimes que nous avons cités plus haut, la France ne fut-elle que volée, au lieu d'être administrée? C'est que, sous ces trois régimes, il était essentiel d'être révolutionnaire pour être employé. La conséquence de ceci, c'est que les révolutionnaires n'étant que des fous sociaux, ou des voleurs, ou des ignorants, l'administration, entre leurs mains, nè pouvait être que sottise, dilapidation et désorganisation.

Aussi les ennemis de la légitimité me font-ils pitié, quand ils ne me font pas horreur. En les entendant parler, en les voyant s'agiter, je ne vois en eux que des fous sociaux mêlés d'un peu de sublimes niais.

---

## Prospérité impériale.

Bonaparte, pendant son règne, ne cessa de faire crier sur tous les toits, par une foule d'écrivains stipendiés, que la France faisait, par sa prospérité, l'admiration et l'envie de tous les peuples de l'Europe.

Voici comment la caricature traduisit et commenta cette prétendue prospérité :

Elle représenta la France sous la forme d'une vache aux mamelles fécondes, mais amaigrie, épuisée et n'ayant plus, comme l'on dit vulgairement, que la peau sur les os. Bonaparte était sur la pauvre bête, que trayaient avec la plus édifiante émulation tous les républicains convertis au maître impérial, le plus absolu que la France ait eu ; on voyait la malheureuse vache, les mamelles entièrement taries, prête à s'affaisser.

— Sire ! demandaient les courtisans, est-ce assez ?

— Non ! jusqu'au sang ! répondait le maître.

Oui, la France en était descendue à ce point, que le maître qui l'épuisait ainsi n'était pas Français ! ce n'était pas même un Corse, — c'était un Italien ! Aussi la France avait plus à souffrir de sa tyrannie que les pays étrangers qui lui étaient soumis, parce que son despotisme leur était moins direct.

# Stérilité des révolutions dans le bien.

Il ne s'est pas produit, depuis 1789, un seul homme qui ait compris les questions politiques et sociales.

J'ai lu les systèmes Proudhon, Louis Blanc, P. Leroux (1), Cabet, Considérant, Raspail; j'ai vu à l'œuvre les Thiers, Guizot et des centaines de savants, tous incapables de créer une combinaison utile; ou s'ils proposent une innovation, il faut d'abord bouleverser ce qui existe pour le remplacer à l'aide de combinaisons qui n'ont pas le sens commun. L'un veut tuer la propriété pour faire vivre le pauvre, l'autre veut nous rendre égaux dans le despotisme, c'est-à-dire dans un socialisme nouveau.

Les gouvernements de Louis XVIII, de Charles X, de Louis-Philippe et de la République ont employé une foule de moyens pour moraliser les classes nombreuses déshéritées de la société; des dépenses énormes ont été faites par des riches pour jeter la lumière et quelque bien-être dans ce foyer de la misère; des millions de petits livres ont été donnés par les gouvernements et ces sociétés, peines perdues; et, comme je l'écrivais il y a

(1) P. Leroux a dit que la science sociale et politique n'est pas trouvée; je le préviens que je la possède et la tiens à la disposition de la France.     D.

quelques jours à un haut fonctionnaire, « Ce ne sont pas les bons livres qui manquent au peuple, mais bien les combinaisons de nature à les lui faire lire. » Les moyens de moraliser et d'instruire le peuple sont on ne peut plus faciles, et si faciles que j'offre de donner à l'Etat le moyen d'instruire et de moraliser le peuple sans qu'il en coûte un centime aux contribuables.

Peu de travailleurs sont adroits, faute de certaines notions que l'on peut encore leur enseigner sans qu'il en coûte rien à l'Etat.

Notre système d'impôts détruit le bien-être dans sa source, en imposant outre mesure les denrées alimentaires, source du vrai bien-être. L'alimentation devrait être affranchie de tout impôt, et ce n'est qu'à cette condition que la misère des uns et le malaise des autres disparaîtront. Que penser de tous ces révolutionnaires qui, depuis soixante ans, bouleversent notre pays? Et pas un seul d'entre eux n'a eu l'intelligence de détruire cet impôt, qui seul est cause de l'immense misère du peuple. Je le répète, les révolutionnaires ne sont que des dupeurs ou des dupés. Quand le peuple et le gouvernement le voudront, les aliments seront affranchis de tous droits, et alors l'aisance grandira à vue d'œil, et cela, sans que le trésor public en souffre, je suis prêt à le prouver.

Je ne suis pas de ceux qui trouvent qu'il y a trop de riches; je veux, au contraire, augmenter la fortune des riches et le nombre des riches, et ce n'est qu'à cette condition que les classes ouvrières obtiendront l'aisance pour arriver quelquefois à la richesse même.

Tous les hommes sans intelligence politique croient qu'il est impossible d'augmenter le bien-être des classes malheureuses sans diminuer le bien-être des riches; c'est une erreur complète, car rien n'est plus facile de *doubler* et de *tripler* la fortune publique et d'affranchir de tout impôt les aliments, ce qui alors quadruplerait le bien-être et la fortune de la nation.

Comment s'expliquer que les révolutions de 1830 et de 1848, faites pour le peuple (à ce qu'elles ont du moins prétendu), aient successivement maintenu cet impôt?

Serait-ce donc, par hasard, que les révolutions sont fatalement stériles?

Peut-être pourrions-nous ajouter qu'elles ne sont pas seulement stériles, mais qu'elles sont toujours désastreuses.

Veut-on la preuve de cette assertion? La voici :

La restauration avait dégrevé de 90 millions l'impôt foncier; la révolution de 1848 l'a grevé de 45 centimes par franc de principal.

Serait-ce donc, dans l'augmentation des impôts que se résumerait la science politique et sociale des révolutionnaires?

Non, les révolutions ne sont pas seulement stériles en résultats améliorateurs, mais elles sont essentiellement destructives de toutes les conditions de prospérité publique.

Quel a été pour la France le résultat des révolutions successives qu'elle a traversées depuis 89? Jouit-elle d'une plus grande somme de liberté, d'ordre et de richesses? Qui oserait le prétendre?

Tous les éléments de liberté, d'ordre et de prospérité ont été indiqués par la France de 1789, dans les cahiers des Etats généraux.

La révolution se les est-elle appropriés? A-t-elle, en un mot, réalisé ce triple problème de tout état social?

La prospérité publique? — Nous marchons à la banqueroute.

La liberté? — Que l'on compte, si l'on peut, les procès de presse (avec amende et prison) qui ont suivi 1830, et ceux dont la République de 1848 a déjà donné le scandale!

L'ordre? — Nous avouons ne pas le concevoir en dehors d'un principe d'autorité, placé au-dessus des partis, c'est-à-dire à l'abri des émeutes et des insurrections.

Oui, encore une fois, l'ordre, la liberté et la prospérité d'une nation sont essentiellement incompatibles avec un régime politique qui a pour base le droit d'insurrection.

Voyez le résultat de l'insurrection de l'Hôtel-de-Ville, la perte de plus d'un demi-milliard par an !

## Résultats des révolutions.

Le peuple manque d'intelligence, parce que les révolutionnaires l'ont saturé de préjugés et d'immoralité; il manque d'instruction, eh bien ! rien n'est plus simple et plus facile de développer son intelligence, de détruire ses préjugés, son immoralité et de l'instruire, tout cela sans qu'il en coûte rien aux contribuables, rien à l'Etat. Quand nos gouvernants ou le peuple le voudront, j'en donnerai le moyen gratuitement.

Il y a dix ans je disais : J'ai la certitude que les révolutions violentes ont été et seront toujours contraires aux intérêts des peuples qui les subiront. Et j'ajoutais : Si les peuples autrichiens se révoltaient, et que la majorité parvînt à chasser l'empereur, ce serait fini de la puissance et du bien-être de ces peuples, l'empire se diviserait, se fractionnerait, les crimes, les luttes et la ruine du pays en seraient le résultat final.

Le puissant empire de Russie, qui marche si rapidement à la civilisation, retomberait pour plusieurs siècles dans la barbarie ; si ces peuples étaient assez bornés pour chasser leur empereur, toutes les provinces groupées si admirablement, dans l'intérêt commun, en un seul faisceau se démembreraient ; l'ordre qui fait la richesse, le bien-être et la force, disparaîtrait, l'empire se diviserait, se fractionnerait en mille partis ennemis, s'entre-dévorant les uns les autres.

Que la puissante Angleterre fasse une révolution, toutes ses possessions répandues dans toutes les parties du monde se détacheront d'elle, sa puissance s'écroulera, son commerce sera anéanti ainsi que sa richesse, et ce peuple mourra de faim pour avoir fait une révolution.

L'Espagne et le Portugal ont dû l'anéantissement de leur puissance à leurs révolutions.

Disons-le avec douleur, les peuples sont de grands enfants ; ils n'ont rien appris, rien oublié..

## La bêtise et le crime.

Les révolutionnaires peuvent être divisés en quatre catégories principales :

La première se compose des jeunes gens au-dessous de vingt-cinq ans, à qui manque l'expérience de la vie politique et sociale, et dont la tête s'enflamme naturellement aux grands mots de *liberté, indépendance*, etc.

Dans la seconde, doivent être rangés ceux que nous appellerons les sots et les jobards du parti, gens convaincus, si l'on veut, mais têtes sans cervelle.

La troisième se recrute des ambitieux de tout étage, qui ne voient dans les bouleversements qu'une chance d'arriver au pouvoir ou à la fortune.

La quatrième se personnifie dans ces êtres, monstrueusement dépravés, qui se ruent dans les révolutions pour assouvir uniquement un besoin férocement instinctif de sang, de pillage et de destruction.

## Les Bourbons.

Il est une famille à laquelle les révolutionnaires ont voué une haine qui n'a reculé ni devant l'échafaud, ni devant le poignard... C'est à cette famille, cependant, que la France doit les plus brillantes pages de son histoire : par cette famille, en effet, la France a régné sur le Portugal, sur Naples, sur l'Espagne et les Indes, sur la Hongrie, sur Constantinople, etc.; c'est à cette famille que la France doit l'abolition du servage, de la torture et des priviléges, l'établissement des tribunaux de commerce, composés de commerçants, nommés par des commerçants, l'organisation des armées régulières, la création d'une marine respectable, les magnifiques frontières qui font d'elle la première nation de l'Europe. Enfin, non seulement cette famille a encouragé le progrès, mais tout ce qui s'est fait de remarquable a été le résultat de l'essort qu'elle a donné au progrès. A son avénement au trône de ses pères, chaque membre de cette famille a apporté en dot à la France une province : c'est à Philippe-Auguste qu'elle doit la Tourraine et la Normandie; à Philippe-le-Hardi, le Languedoc; à Philippe-le-Bel, la Champagne, le Forez et le Lyonnais; à Philippe VI, le Dauphiné; à Jean-le-Bon et à Louis XI, la Bourgogne et la Bresse; à Charles V, le Poitou, la Saintonge, l'Aunis et le Limousin; à Louis XI, l'Anjou, le Maine et la Provence; à Charles VII, la Guyenne, la Gascogne et le Périgord; à François Ier, la Marche, l'Auvergne et la Bretagne; à Louis XIII l'Artois et le Roussillon; à Louis XIV, la Flandre, l'Alsace, la Franche-Comté, le Nivernais et la Lorraine; à Louis XV, la Corse; à Charles X, Alger. — Alger, conquis sur d'impurs forbans malgré l'Angleterre ! Sans compter nos immenses colonies que nous ont fait perdre les révolutionnaires de 1793 (1).

D'où vient donc cette haine des révolutionnaires contre une famille qui a si richement doté la France, et dont l'histoire est celle de la France même?

Hélas! ne voit-on point parfois des fils dénaturés porter une main homicide sur les auteurs même de leurs jours?

Quand un pareil crime se produit, l'humanité, épouvantée, en rejette avec horreur la responsabilité à la FOLIE...

***

## LES LÉGITIMISTES AUX ÉLECTIONS
## le 10 décembre 1848.

Des votants, dans l'élection présidentielle, se divisaient en quatre fractions :

1° La fraction Raspail, Ledru-Rollin ;

2° La fraction du *National;*

3° Cette portion des masses qu'avait séduite le prestige d'un nom ;

(1) Je comprends qu'un Français préfère la forme républicaine à la forme monarchique, mais je ne comprends pas qu'un Français haïsse la famille des Bourbons, à moins que ce Français ne soit un insensé ou un scélérat.

4° Les légitimistes, cette portion la plus éclairée de la nation, qui ne s'attache pas aux hommes, mais aux principes, seule condition de progrès, de bien-être et d'ordre.

Les anciens légitimistes, après réflexion, ont patriotiquement renoncé à porter un des leurs à la candidature de la présidence.

Il est évident que, s'il avait convenu à ce dernier parti de produire un candidat à lui personnel, ce candidat eût rallié 2 millions 500,000 voix.

Or, la réunion de 2 millions 500,000 voix sur la tête d'un candidat légitimiste aurait eu pour incontestable résultat d'empêcher la formation de la majorité absolue exigée par la Constitution. D'où il serait résulté que le choix du président de la République serait retombé entre les mains de l'Assemblée nationale, qui aurait été réduite à nommer un candidat d'une des quatre minorités.

Mais que serait-il sorti de cette nomination? Probablement la *guerre civile!* Précisément ce que les légitimistes voulaient éviter.

Quelle a donc été leur conduite?

Il est un *nom* dont la candidature avait été accueillie avec enthousiasme par un tiers du peuple, non pas seulement à cause du prestige dont la victoire l'a entouré, mais parce que celui qui le portait a écrasé les factions révolutionnaires...

Les légitimistes ont, dans l'intérêt du pays, c'est-à-dire afin d'écarter une candidature dont le triomphe aurait été un acheminement à la guerre civile, les légitimistes ont fait taire leurs sympathies personnelles, et assuré par leur concours intelligent et patriotique l'élection directe du président par le peuple.

C'est donc au patriotisme éclairé des légistimistes que la France doit de n'avoir pas eu de nouveau la guerre civile.

----

## Les bouchers de Cavaignac.

Le peuple a en lui le germe du bien et du mal. Sur 100 individus chez lesquels vous aurez développé celui du mal, vous aurez 95 scélérats ; sur 100 autres chez lesquels vous aurez développé celui du bien, vous obtiendrez 98 bonnes natures. L'expérimentation de cette vérité a été faite par les événements de juin.

Après février, deux principes sont en présence : le principe du Mal, professé par les Ledru-Rollin, Raspail, Barbès, etc., et par leurs disciples dans les clubs rouges, produit les assassins du général Bréa et d'une foule d'autres braves citoyens morts pour l'ordre. Le principe du Bien, enseigné à une portion du peuple comprenant la garde mobile, inocule à cette jeune et héroïque garde le courage et le dévouement qui la pousse à verser son sang pour préserver la société du joug des terroristes.

Et c'est vous, révoltés de juin, qui osez appeler ces courageux enfants les *bouchers de Cavaignac!* Mais n'est-ce pas vous qui méritez d'être flétris de la qualification de *bouchers* de la société; vous qui éleviez des barricades contre l'armée de l'ordre; vous qui, retranchés derrière ces mêmes barricades, envoyiez traîtreusement la mort à ces héroïques enfants qui s'offraient la poitrine découverte à vos balles criminelles; vous, enfin, qui, pendant quatre jours, avez inondé Paris de sang? Allez, ce n'est pas dans les rangs de la garde mobile que sont les bouchers : les bouchers du peuple étaient dans vos rangs!

Les rouges se composent de deux catégories : la première, essentiellement féroce et ne reculant pas devant le sang pour faire triompher des principes destructeurs de toute societé; la seconde, composée de gens égarés par de faux principes.

Honnêtes citoyens, mes frères, qui, par erreur, appartenez au parti révolutionnaire, comprenez enfin que les barricades sont les plus grands ennemis de la prospérité publique, et que les clubs ne sont que des écoles du crime et de folie politique et sociale!

# Les voleurs de popularité.

La popularité de MM. Michelet et Quinet s'explique facilement.

Je suppose que leur auditoire se compose de 300 jeunes gens. 210 ont des habitudes d'ordre et de travail ; les 90 autres sont des bastringueurs, des culoteurs de pipes, des spadassins, des ruineurs de familles, des tapageurs, des barricadeurs.

Or, voici comment procèdent les honorables professeurs pour se faire et rester populaires :

Ils jettent à la tête de ces jeunes gens les éloges les plus ridiculement exagérés, tels que ceux-ci : *Brave* jeunesse, *magnanime* jeunesse, *héroïque* jeunesse, *sublime* jeunesse, etc.

Et la crédule jeunesse répond à ces coups d'encensoirs par des battements de mains frénétiques.

M. Lerminier a, lui aussi, payé son tribut à cette passion désordonnée de la popularité, à laquelle se sont prostitués tant de beaux talents. Mais il comprit bien vite l'indignité d'une popularité ainsi acquise, et il sut courageusement y renoncer.

Il est vrai que la portion gangrenée des écoles ne lui pardonne pas ce qu'elle appelle son apostasie, et que je regarde, moi, comme un acte de courage qui l'honore... Mais que lui importe le mépris des révolutionnaires ! — Il a pour lui l'estime de la partie saine des écoles, qui forme la grande majorité.

## Conclusion.

Notre conclusion est celle-ci :

Les révolutionnaires sont, dans l'ordre politique et social, ce que sont les *fous* dans l'ordre physiologique.

Que la France fasse donc entendre, de sa grande et puissante voix, ce mot que nous avons écrit en tête de ces pages :

## A BAS LA FOLIE RÉVOLUTIONNAIRE !

## FIN.

Impr. de Pommeret et Moreau, quai des Augustins, 17.